Henry Joly

Assistance et Répression

Essai

Le code de la propriété intellectuelle du 1er juillet 1992 interdit en effet expressément la photocopie à usage collectif sans autorisation des ayants droit. Or, cette pratique s'est généralisée dans les établissements d'enseignement supérieur, provoquant une baisse brutale des achats de livres et de revues, au point que la possibilité même pour les auteurs de créer des œuvres nouvelles et de les faire éditer correctement est aujourd'hui menacée. En application de la loi du 11 mars 1957, il est interdit de reproduire intégralement ou partiellement le présent ouvrage, sur quelque support que ce soir, sans autorisation de l'Éditeur ou du Centre Français d'Exploitation du Droit de Copie , 20, rue Grands Augustins, 75006 Paris.

ISBN : 978-1981157983

10 9 8 7 6 5 4 3 2 1

Henry Joly

Assistance et Répression

Essai

Table de Matières

Introduction

Qu'est-ce que l'assistance ? C'est l'ensemble des secours divers par lesquels une société essaie de seconder la bonne volonté des gens en suppléant à l'insuffisance de leurs moyens, là où ils ont à se procurer le nécessaire.

Qu'est-ce que la répression ? C'est l'ensemble des lois et des mesures par lesquelles une société s'efforce d'imposer le respect du droit d'autrui à ceux qui l'ont méconnu.

Il ne s'agit point ici, on le comprendra sans peine, d'embrasser successivement toute l'étendue de chacun de ces deux devoirs et d'en étudier les conditions si complexes. Il ne s'agit point d'examiner, soit toutes les misères qui méritent d'être assistées, soit tous les méfaits qui méritent d'être réprimés. Il s'agit encore moins d'étudier toutes les méthodes qui doivent présider à chacun de ces deux grands modes d'intervention sociale. Ce sera déjà beaucoup de chercher aujourd'hui par quelles relations ils sont liés l'un à l'autre et comment ils doivent agir de concert devant le crime et le délit.

Plus jeune, — elle le croit, du moins, — que la répression, l'assistance ambitionne de lui survivre et de lui succéder. Dans l'héritage qu'elle se flatte d'en recueillir, il y a d'abord la faveur publique, si vite et quelquefois si légèrement acquise aux apparences de nouveauté et de progrès. Peut-être y a-t-il aussi, — ce qui en est un fruit très goûté dans nos États bureaucratiques et centralisés, — un accroissement considérable du nombre des institutions à fonder, à peupler, à gouverner, donc une part grandissante à prélever sur le budget national.

Que ce soient cependant là deux sœurs obligées de s'aider l'une l'autre dans leurs missions respectives, telle est bien la solution du sens commun. Comment assister les volés si on ne commence pas par punir les voleurs, quelle que soit d'ailleurs la punition préférée (publicité, dommages-intérêts, travail forcé ou tout ce que l'on voudra). D'autre part, la société doit veiller, — c'est son intérêt, — à ce que nul ne soit mis malgré lui dans l'impossibilité de vivre de son travail actuel ou passé. On ne réprime pas efficacement une inondation si on n'ouvre pas à l'eau des voies régulières. On ne réprime pas les mauvais penchants si on n'aide pas les bons à trouver la satisfaction qu'il faut qu'ils poursuivent pour le bien même de la société dont ils font partie.

Mais, nous ne le savons que trop, le sens commun n'est pas ce qui règle les audaces ou les étourderies des prétendus novateurs. Quelquefois même, les gens « sages et modérés » croient sauver un principe par les concessions qu'ils font à un principe absolument opposé, de manière à n'organiser partout que le désordre et l'impuissance. Demandons-nous donc, puisqu'il le faut, si l'assistance peut obtenir assez de succès pour prendre définitivement la place de la répression après l'avoir rendue de plus en plus inutile. Ainsi réduite, la tâche est encore très délicate ; elle a devant elle bien des exigences à calmer et bien des illusions à écarter.

Section I

Nous n'en aurons en effet jamais fini avec ce lieu commun, que la criminalité a pour cause unique la misère involontaire, et avec cette utopie qu'il appartient aux pouvoirs publics de supprimer la misère même en mettant simplement au service des uns une portion toujours croissante de ce qu'a produit le travail des autres. Que n'avons-nous pas lu et entendu dans ce double sens ? Si l'homme vole, c'est qu'il a faim, qu'il a froid, c'est qu'il est entraîné malgré lui à la jalousie et à la haine par l'aspect insolent du luxe d'autrui. S'il vagabonde et s'il incendie, c'est qu'on ne lui a pas fourni à temps du travail, et du travail à sa convenance. S'il incendie les bibliothèques et les musées, c'est qu'on ne lui a pas donné l'instruction et sans doute aussi les loisirs nécessaires pour en goûter les merveilles. Tel est à peu près, on s'en souvient, le trait final d'une poésie de Victor Hugo sur le soldat de la Commune qui vient de brûler la bibliothèque du Louvre :

Je ne sais pas lire !

Si l'homme jeune ou vieux, continue-t-on, se laisse aller à des crimes passionnels, c'est que les formalités exigées par une société routinière et superstitieuse mettent à la satisfaction des instincts des obstacles factices : l'amour libre les ferait tomber, tous ces obstacles ! et alors plus d'adultères, plus d'infanticides non plus, puisque la fille-mère serait aussi honorée qu'une matrone romaine et que la société se chargerait d'élever ses enfants. Pourquoi les violences des grèves, sinon parce que le travail n'obtient pas l'intégralité de son produit et que le gouvernement soutient par la force les prétentions des capitalistes, des inventeurs, des ingénieurs et autres parasites ? Les mains de ces derniers, de quoi en effet sont-elles noires ? tout simplement d'encre et de crayon, et c'est là évidemment une façon tout à fait aristocratique et, qui pis est, improductive d'user de ses doigts et de son cerveau !... — On pourrait continuer ainsi pendant longtemps...

D'autre part, quelques individus mal nés, égarés, victimes d'une société mal faite, commettent, on veut bien l'avouer, des actes fâcheux, des actes qu'on ne peut pas tout à fait excuser en disant que le sang qui a coulé n'était pas, à tout prendre, si pur. Mais, nous dira-t-on, comment la société les réprime-t-elle ? Par des rigueurs absurdes, par des privations abusives des droits de l'homme et du citoyen, par des travaux insuffisamment rémunérés, par une claustration digne du moyen âge, — dans laquelle les journaux ne pénètrent pas [1], — que ne vient pas consoler (comme des philanthropes réformateurs l'ont cependant réclamé) la visite intime de l'ancienne ou future compagne. La société exaspère ainsi des penchants qu'il eût fallu calmer avec douceur. Que sera-ce, le jour où les prétendus honnêtes gens enlèveront la vie à celui qu'ils auront déclaré insociable, alors que ce sont eux qui se montrent tels ? Ils s'imagineront qu'ils barrent la route à l'esprit de violence : ils en perpétueront, au contraire, l'essor et en accroîtront l'intensité. Lisons ce qu'écrivait, il y a quelque temps, le journal socialiste [2] à propos d'une exécution :

« Le véritable, le seul remède, il est dans les soins moraux donnés à l'individu sain pour le préserver de la folie du meurtre, dans les soins moraux et physiques donnés au criminel pour le guérir ; mais tant que la société punira le crime par le crime, elle entretiendra le terrible mal. »

Qu'on ne se laisse pas prendre cependant à ces accès périodiques de sensibilité qui rappellent ceux des terroristes. Tout homme qui écrit sur la paix universelle et perpétuelle exige au préalable cinq ou six guerres pour humaniser les États récalcitrants. A l'intérieur, l'amour qu'on porte à la fraternité se mesure à l'ardeur intransigeante avec laquelle on proclame la nécessité de la guerre des classes, de l'expropriation violente, de la descente dans la rue… Plus on se dit enthousiaste de la tolérance, plus on tient à honnir, à frapper, à dépouiller, à expulser quiconque s'avise de présenter quelques réserves sur les limites de la tolérance. Ainsi les ennemis de la répression réclament bien la seule assistance pour ceux qui acceptent la « solidarité » de leur classe ou de leur groupe ; mais ils n'ont garde de briser les armes variées dont ils se plaignent d'avoir été blessés. Ils s'en emparent et les perfectionnent pour en user à leur tour contre ceux qui ne sont pas de leur parti.

Sous la Commune, un fonctionnaire improvisé ou délégué faisait comparaître devant lui un propriétaire qui avait commis le crime d'exiger le terme dû par un locataire peu fortuné : il envoyait tout simplement le propriétaire en prison. Quand les gendarmes de Chalon ou autres lieux se défendent contre des grévistes armés, le même journal socialiste que je citais tout à l'heure réclame la comparution des gendarmes devant un conseil de guerre : il l'obtient ; et si les gendarmes sont acquittés, il dénonce les juges. Regardons d'ailleurs ce qui se passe depuis un an. « Enfin, s'écrie un sénateur, — dont il est question, non plus seulement pour renverser des ministères, mais pour en constituer un, — enfin nous allons faire la charité !… (avec l'argent des autres). » C'est ainsi qu'il salue le vote de certaines lois d'assistance dont l'économie est si discutable. Mais en même temps lui et les siens, — les siens encore plus que lui, pour être juste, — font de la charité privée un délit à punir. Il faut même que les personnes qui commettent ce délit leur paraissent singulièrement coupables ; car s'ils exigent de l'État qu'il conserve, en les payant, les ouvriers des arsenaux auxquels on n'a plus de travail à fournir, ils expulsent sans indemnité ni assistance d'aucune nature ceux qui travaillaient bénévolement à soulager l'éternelle misère et ne demandaient pour eux que leur pain quotidien.

Laissons maintenant de côté ces excès, qui pourtant se renouvellent et s'étendent avec bien de la persistance. Prenons la vie commune de tous les jours. Qui conquiert un droit lui veut une sanction. Qui se glorifie d'assurer l'assistance aux plus faibles tient à réprimer les abus commis contre eux par de plus forts. Pour mieux permettre à ceux-là de faire condamner ceux-ci, on a inventé, — et on a eu raison, — cette forme particulière de l'assistance qu'on appelle l'assistance judiciaire. Interrogez un avoué, il vous dira vite à quel point l'usage, pour ne pas dire plus, s'en développe, et avec quel empressement on s'en sert pour bien des instances en divorce, pour bien des dénonciations et des plaintes, disons même pour bien des tentatives de chantage dont on aurait pu se dispenser.

Donc n'espérons pas voir jamais s'évanouir le double problème de la répression et de l'assistance. Toujours il y aura des hommes qui réclameront passionnément l'assistance pour eux et leurs amis, la répression pour leurs adversaires. Mais toujours aussi les gens équitables et sérieux penseront, appuyés sur de solides raisons, qu'on ne peut sacrifier ni l'une ni l'autre : car il faut veiller sur le respect de tous les droits, et, autant que possible, il faut faciliter, ne pas rendre impraticable, tout au moins, le devoir social. La répression est un mal nécessaire. Si on peut en diminuer le champ par une assistance préventive, puis par une assistance curative, ce sera autant de déperditions de forces productives d'épargnées à la société.

Section II

Écartons d'abord une première méthode qui consisterait à dire : spécifions ce qui est défendu, et laissons ensuite les gens s'arranger absolument comme ils le voudront pour ne pas tomber sous le coup de la loi. Je ne crois pas que cette méthode ait jamais été pratiquée dans toute sa rigueur ni qu'elle ait sévi sur toute l'étendue d'une législation : mais il y a eu des époques où l'on y tendait un peu plus qu'on ne s'en éloignait. Il paraît difficile de nier que sous la monarchie de Juillet, par exemple, on ait souvent interprété et appliqué dans ce sens, bien étroit, l'individualisme imposé à notre pays par la Révolution. Tel a été aussi, dans une assez longue période, l'esprit de la législation et des mœurs anglaises. Mais nous ne faisons ici le procès qu'au système. Or, indubitablement ce système est inique, il est contraire aux véritables intérêts sociaux, et il ne peut pas se soutenir longtemps sans souffrances intolérables et sans désordre.

Sous quelque régime que ce soit, il y a une tendance malheureuse à faire de la loi l'expression des volontés d'une caste ou d'une classe. Les conditions de l'exercice de tel ou tel droit sont alors fixées de telle sorte que cette classe privilégiée en profite largement, mais que d'autres ne peuvent pas se procurer la jouissance des mêmes droits et sont systématiquement sacrifiés. Il y a ainsi des milliers de citoyens placés dans cette alternative, ou de renoncer à la satisfaction de besoins supérieurs, de devoirs même s'imposant à leur conscience, ou de s'exposer aux rigueurs du code. Tout cela est contraire à la notion du lien social et à une intelligence exacte de la loi.

Ainsi, on est d'accord pour penser que la mendicité ne peut être interdite là où des secours ne sont pas offerts à ceux qui sont dans l'impossibilité, au moins actuelle, de s'en passer. Ne devrait-on pas être également d'accord que la gratuité de l'enseignement primaire ne doit pas constituer un privilège pour ceux-là seuls qui renoncent à faire donner à leurs enfants une éducation religieuse [3] ? L'Angleterre a tout récemment effacé de ses lois cette inégalité, en décidant que les écoles confessionnelles réunissant au moins dix élèves recevraient proportionnellement lis mêmes subsides que les écoles neutres.

C'est un principe excellent, que tout citoyen doit faire reconnaître et consacrer ses droits par les mêmes formalités judiciaires ; mais si les frais de justice sont tellement élevés que le riche seul puisse entamer une procédure, alors les citoyens ne sont plus égaux devant la loi. C'est encore un principe inattaquable que tout mariage, pour produire légalement ses effets sociaux, doit être enregistré par l'autorité publique avec un certain nombre de précautions défendant l'organisation de la famille contre les séductions ou les fantaisies d'un moment ; mais encore faut-il que ces prescriptions du Code civil puissent être levées dans les cas où serait établie l'impossibilité de s'y conformer. Voilà pourquoi la législation bavaroise a dû renoncer à certaines exigences qui multipliaient le nombre des unions libres et des naissances naturelles. Voilà encore pourquoi tous ceux qui s'intéressent à nos colonies trouvent absurde que nous prétendions imposer notre code civil aux nègres de l'Afrique et les astreindre pour le mariage à la production de pièces dont ils n'ont même pas l'idée[4]. La nation civilisée qui assume la charge d'élever peu à peu à son niveau les peuplades qu'elle prend sous son patronage va ainsi contre son but. Elle devrait favoriser la formation de familles nombreuses, et elle rend la création de familles régulières à peu près impossible.

Il est en effet fatal que des exigences excessives amènent soit une réaction violente, soit une abstention qui n'est certainement pas moins fâcheuse. Dans nos sociétés modernes où la justice est forcément une œuvre collective et finit même par l'être jusqu'à l'excès et à l'abus, la conscience populaire se révolte à l'idée de condamner des citoyens dont l'obéissance à la loi a été mise à une trop rude épreuve. De là ces acquittements qui, s'ils ont de nombreux inconvénients, ont toutefois le mérite d'avertir le législateur qu'il a besoin de retoucher son œuvre. Si la jeune fille est abandonnée à ses seules forces de résistance, si elle n'est pas protégée, donc, en un sens, assistée, dans la mesure nécessaire, contre la séduction, contre les abus d'autorité, contre les fausses promesses, contre le mépris des engagements, alors le jury acquitte les infanticides, il acquitte les meurtres, il acquitte les vengeances au vitriol. Ceci n'est que trop connu, et il est inutile d'insister.

Section III

Nous trouvons maintenant devant nous une autre méthode, aux antipodes de la précédente ; elle relève de la doctrine chère à la plupart des socialistes, on peut la formuler ainsi : « Assurons à tous la satisfaction de tous leurs besoins, préservons les gens de toute douleur et de toute injustice, et nous verrons alors disparaître peu à peu tous ces crimes commis par ceux qui ne possèdent pas contre ceux qui possèdent, par ceux qui ne jouissent pas contre ceux qui jouissent ; bref, autant nous étendrons la sphère de l'assistance, autant nous restreindrons la sphère de la répression. »

Examiner cette théorie sous toutes ses faces serait faire le procès du socialisme tout entier. Mais restons dans la question que nous nous sommes délimitée. Il nous suffira de réunir quelques faits, de présenter quelques observations très simples.

Il est difficile d'organiser l'assistance : tous ceux qui s'en mêlent le savent. Mais il y a une tâche qui est peut-être plus difficile encore, c'est de faire accepter cette assistance, je dis d'abord de la faire accepter purement et simplement, et ensuite de la faire accepter en conformité avec les véritables besoins. Lorsqu'en effet un mode quelconque d'assistance est institué, il se produit deux phénomènes qui risquent toujours, si l'on n'y prend garde, d'en altérer le caractère et de compromettre le genre de succès qu'on en attend. On l'a imaginé et agencé en vue des plus compromis : mais ceux-ci précisément sont ceux qui le redoutent ou le dédaignent ; ils en laissent la jouissance à d'autres qui à la rigueur pouvaient s'en passer. D'autre part, les irréguliers ou réfractaires se glisseront sans nécessité dans des œuvres faites pour des gens vraiment intéressants, et ils en profiteront au détriment de ces derniers, sans en rien tirer de bon, quant à eux.

Voici un premier fait bien connu de tous ceux qui pratiquent la charité avec quelque discernement et qui réfléchissent sur leurs propres déceptions. C'est, semble-t-il, une bien bonne chose que d'avoir inventé les bons de fourneaux ; cela vaut mieux, se dit-on, que de tendre une pièce de monnaie pouvant favoriser quelque dépense inutile ou fâcheuse ; celui du moins qui accepte un bon aura un morceau de pain, une soupe ou une portion d'aliments… Soit ! Mais d'abord, il en est qui refusent positivement le bon que vous leur mettez dans la main. Puis, parmi ceux qui l'acceptent il en est qui le revendent à moitié prix ; et qui le leur achète ? Des familles d'ouvriers modestes, laborieux, sobres, qui trouvent là le moyen de vivre à meilleur compte. Tant mieux pour ceux-ci ! direz-vous. Assurément, mais convenons que cet emploi d'un secours destiné à niveler certaines inégalités devra les accuser encore davantage. L'honnête ouvrier qui saisit ainsi au passage une modeste aubaine, s'élèvera sans doute d'un degré au-dessus du prolétariat misérable. Quant à celui qui a renoncé au pain gratuit pour de l'eau-de-vie payée sur le produit de ce trafic, il descend encore plus bas, et il s'enfonce de plus en plus dans le bourbier d'où l'on tentait de le faire sortir.

Il se passe quelque chose d'analogue pour les cantines scolaires, au moins dans les grandes villes. Des instituteurs de Paris me l'ont dit plus d'une fois : pour l'enfant paresseux, déjà dressé au vagabondage et aux habitudes malsaines, la jouissance de la cantine est une sujétion importune ; car il faut qu'il reste là, et le repas, si court soit-il, est encore un peu une prolongation de l'école et de sa discipline insuffisamment adoucie. S'en aller à l'aventure sous prétexte de rentrer chez ses parents, aviser quelque terrain vague entouré de planches ou quelque maison en construction, s'y cacher à deux ou trois pour y manger à la dérobée ce qu'on a peut-être volé à un étalage, voilà qui est d'un ragoût mieux apprécié. Encore une fois, il n'y a pas à regretter que la cantine profite mieux aux enfants des meilleures familles et que le fardeau de ces dernières en soit allégé d'autant. Mais ici encore, la façon d'user ou de ne point user du secours offert creuse un peu plus le fossé qui sépare les classes honnêtes de celles qui ne le sont pas, et pour lesquelles il faudra bien penser à la répression, un jour ou l'autre.

On a fondé en maint endroit des écoles particulières pour les enfants en danger de mal tourner ; et en plus d'un pays le luxe qu'on met dans certaines formes d'assistance, quand elles ne coûtent rien qu'au budget, a transformé ces écoles en des séjours privilégiés. Un enfant, arraché à la misère, y coûte autant qu'un pensionnaire d'Henri-IV ou de Louis-le-Grand. Qu'arrive-t-il ? Qu'ici aussi des familles qui n'ont pas trop de préjugés et qui calculent, flairent de ce côté une éducation gratuite et productive. Elles s'ingénient à y faire admettre leurs enfants pour qu'ils y deviennent de bons menuisiers, de bons serruriers, de bons mécaniciens ; elles usent de la politique électorale pour obtenir de leurs représentants ou de leurs comités des recommandations qui les exemptent de la pension réclamée, en principe, aux parents capables de payer. Quant aux enfants plus exposés pour lesquels ces maisons paraissaient faites, ils en sont peu à peu éliminés, ne fût-ce que par l'invasion des autres. La fausse philanthropie des flatteurs de la nature humaine vient d'ailleurs à leur aide. On remplace, dans les mêmes murs, les maisons de correction par des écoles de préservation. C'est un beau nom, c'est même une belle et bonne chose ; mais à la condition qu'au lieu de reconnaître et d'accepter le fait établi de l'extrême pauvreté, de l'isolement, de la faiblesse morale et de leurs conséquences imminentes, on n'aille pas provoquer les calculs de ceux qui ne demandent qu'à se décharger de leur responsabilité et de leurs devoirs. Avec cette dernière méthode on exerce deux actions également désastreuses ; on encourage l'abdication de ceux qui pourraient encore lutter contre les difficultés de la vie et en triompher par eux-mêmes ; quant à ceux qui sont presque vaincus d'avance, ils ont trouvé les places prises. C'est là ce qui se passe sur une grande échelle en Italie. Des interpellations des députés, des aveux des ministres l'ont établi, sans parler des enquêtes de ceux qui ont vu le mal sur place et ont recueilli les déclarations les plus explicites des fonctionnaires les plus compétents.

En France, une de nos lois relativement récentes (1889) a agrandi la sphère de cette intervention charitable en mettant des fonds au service des enfants « moralement abandonnés. » Mais ici encore l'exécution de la loi en a fait dévier l'esprit et a englobé dans cette sphère des éléments auxquels on n'avait point primitivement songé. Les enfants que leurs parents font ou laissent vivre dans l'habitude de la mendicité, du vagabondage ou du vol, de la fraude ou de la prostitution, voilà ceux qu'on voulait soustraire à la pernicieuse influence de leurs parents ; mais ceux-là, leurs parents tiennent à les garder pour le honteux profit qu'ils en retirent, et les enfants ayant pris goût aux irritants plaisirs de cette vie crapuleuse deviennent vite les complices de ceux qui les exploitent. Les uns et les autres font ce qu'ils peuvent pour dépister les recherches de la police et celles des sociétés de bienfaisance ; puis en leurs lieu et place, — je l'ai établi bien des fois d'après les chiffres officiels, — arrivent des parents dignes, si l'on veut, de quelque assistance, mais renonçant bien aisément, sur ce seul mot, si magique, de gratuité, à leur mission paternelle ou maternelle.

A certaines époques et périodiquement, on croit tenir une solution de la question sociale dans l'émigration assistée de concessions officielles de terres. Dans la métropole, dit-on, la propriété est accaparée : ceux qui arrivent aujourd'hui à l'existence sont, pour reprendre une bien vieille comparaison, comme ceux qui se présentent en un théâtre où toutes les places sont occupées. Qu'on les fasse donc propriétaires là où tant de terre est encore à la disposition du gouvernement ; de cette manière on dégage la vieille France et on peuple la nouvelle, on les enrichit toutes les deux !

De combien de déceptions cette utopie a été suivie, les hommes d'étude le savent. Ils savent que la plupart des concessionnaires gratuits sont des déclassés à qui la politique a rendu quelque espérance en les transformant en quémandeurs privilégiés. Ils acceptent leur terre, en prennent possession, avec un droit de passage également gratuit ; puis, malgré toutes les précautions écrites des règlements fabriqués dans les bureaux parisiens, ils trouvent vite le moyen de vendre leur propriété à quelque prix que ce soit. Leurs acquéreurs et eux sont donc promptement séparés autant et même plus que dans la métropole. Ici aussi les faveurs du pouvoir finissent par profiter à des hommes auxquels on ne pensait pas et qui ne demandaient rien. Mis tout à coup, grâce à leurs propres économies, en possession d'un domaine acheté à très bon compte, ils s'élèvent à l'état de propriétaires favorisés. Mais autant ils montent, autant descendent, par une chute nouvelle, ceux auxquels ils se substituent. Malgré toutes les expériences faites, l'idée que le gouvernement devrait pratiquer plus largement ce genre d'assistance est très tenace chez un grand nombre de bonnes âmes ; mais l'idée qu'on ferait bien, le cas échéant, d'en profiter selon la méthode décrite, n'est pas moins tenace chez les autres. Il y a à peu près un an, l'on m'amenait, dans une ville de Champagne, deux orphelins qu'on me demandait de faire admettre en un orphelinat de Tunisie. De ces deux enfants l'un, qui avait onze ans, déclarait ne vouloir absolument pas se laisser envoyer si loin. L'autre, qui avait neuf ans, m'écoutait, d'un air en apparence très distrait, pendant que j'expliquais à sa parente les avantages faits à nos pupilles, les métayages qu'on leur confiait... Il murmurait nonchalamment que tout de même il consentirait, quant à lui, à aller là-bas ; puis, confondant un métayage avec une propriété dont on peut disposer comme on l'entend, il interrompit la conversation par cette parole étonnante : « Alors, quand on est grand, on peut revendre tout ça pour avoir de l'argent ? » Je congédiai (on ne s'en étonnera pas) le candidat si au courant de la colonisation officielle ou l'ayant si bien devinée. Je crains beaucoup que, si plus tard il a recours à un autre mode d'assistance, il n'en use pas de manière à s'affermir ou à se replacer dans le droit chemin. Il est dans une ville ouvrière ; il deviendra sans doute un nomade comme beaucoup de ses pareils. Il ira dans les grands centres, il se trouvera un jour ou l'autre sans ressources. Il aura recours aux asiles de nuit.

On en a ouvert beaucoup : on a bien fait. Que d'hommes et que de femmes arrivant de la campagne pour se placer, que de passagers, que d'émigrants, que de convalescents à peine sortis de l'hôpital, que d'ouvriers sans ouvrage expulsés de leur logis, faute de pouvoir payer un terme ! Il faut bien admettre cependant que plus d'un individu sur le pavé, mais cherchant, de propos délibéré, les aventures, se dit que ce n'est pas là un milieu très favorable aux coups de main nocturnes et que le butin à s'y approprier serait bien maigre. D'autre part, si le règlement n'était pas d'une juste sévérité, l'asile deviendrait vite comme une manière de garni gratuit ou semi-gratuit dispensant de chercher un domicile. Un groupe philanthropique dont les œuvres sont pourtant des plus remarquables, l'armée du Salut, m'a paru, dans Londres, glisser sur cette pente. J'y ai vu des refuges qui avaient débuté par être des asiles temporaires et qui en étaient venus à conserver, sinon indéfiniment, du moins très longtemps, leurs hôtes pour une somme modique. Les surveillants trouvaient que l'administration de leur local en devenait plus facile. On le croira sans peine ; mais par là encore, l'assistance change de direction. L'aide qu'elle offre est détournée à leur profit par ceux qui voulaient déjà bien faire, et on achève d'éliminer ceux qui veulent mal faire ou sont exposés à de trop fortes tentations.

Il est d'autres modes d'assistance dont ces derniers s'éliminent d'eux-mêmes : je veux parler de ce qu'on appelle l'assistance par le travail. On sait qu'elle est donnée dans des asiles successivement fondés par presque tous les États pour assurer aux invalides de la volonté la rectification de bien des habitudes, la guérison de bien des vices, la reprise lente de l'aptitude à se conduire soi-même dans la régularité d'une vie suffisamment laborieuse. Certes, je ne veux pas dire, il s'en faut, qu'il ne faille pas fonder de pareilles œuvres. Il faut en avoir, au contraire ; il faut s'instruire soigneusement de celles qui réussissent, comme de celles qui échouent, scruter les causes des succès et des échecs. Parmi les hommes auxquels on fait accepter de pareils secours, on sauvera qui on pourra ; ce sera toujours autant de gagné pour l'humanité et pour le bon ordre social : mais il faut savoir ne point se créer d'illusions à soi-même et n'en point donner.

Consultons d'abord l'expérience d'autrui.

La Belgique a fait, dans ces derniers temps, tout ce qu'elle a pu pour diminuer la répression au profit de l'assistance. Non seulement elle a voulu que ses anciennes maisons de correction pour enfants vicieux ou criminels fussent dénommées écoles de bienfaisance et dirigées dans un esprit conforme à ce beau titre ; mais, pour les adultes mêmes, ses représentants recueillaient de la bouche d'un éminent ministre de la Justice (séance du 30 juin 1897) la déclaration suivante : « La loi nouvelle a enlevé à ces deux faits, vagabondage et mendicité, le caractère d'une infraction pénale. A la peine elle a substitué la mise à la disposition du gouvernement… Jamais d'emprisonnement ni d'amende, peines inefficaces en la matière, quand elles ne sont pas odieuses. » Nous verrons tout à l'heure s'il n'y a point dans cette profession de foi soit une large part de témérité, soit une phraséologie qui réussit mal, si ingénieuse qu'elle soit, à dissimuler la réalité. Contentons-nous, pour le moment, de constater ces dispositions si bienveillantes, et écoutons ensuite les témoignages de ces administrateurs si enclins à l'optimisme [5].

« C'était à Gand, pendant l'hiver de 1892-93. De longs cortèges de sans-travail parcouraient les rues. L'autorité communale, désireuse de remédier à la misère qu'un tel état de choses semblait déceler, engagea ces ouvriers à recourir aux bureaux de police et ordonna la distribution de secours immédiats. Savez-vous les résultats de l'enquête ? Des 871 individus inscrits, 39 n'avaient plus leur domicile au lieu indiqué, 30 refusaient toute assistance, 4 n'habitaient plus dans la ville. Pour le surplus, 194 ménages avaient des ressources suffisantes : on en a relevé 2 notamment dont le revenu hebdomadaire était respectivement de 70 fr. 50 et de 72 fr. 50, chiffre très élevé, étant donné le salaire moyen dans cette ville. »

Le rapport de la commission belge ne manque pas d'ailleurs de rappeler des faits plus concluants encore et que nous connaissons bien [6].

« A Paris, M. Mamoz offre à 727 mendiants une occupation payée 4 francs par jour : 552 refusent net, 37 travaillent une demi-journée ; 68 ont le courage de demeurer jusqu'au soir, 51 travaillent deux jours. Le troisième jour, il en restait 18.

« M. Robin confirme l'expérience de M. Mamoz. Sur 700 mendiants en état de travailler, il découvre 11 hommes de bonne volonté prêts à accepter une besogne régulière. »

Passons chez les Allemands, et au témoignage des Belges ajoutons celui que notre compatriote, M. Louis Rivière, est allé recueillir l'an dernier en pays germanique. Quand le promoteur des stations de secours et des colonies ouvrières annonça pour la première fois qu'il continuerait bien de donner au pauvre passant de la soupe, du pain et des vêtements, mais que tout individu valide devrait gagner ce secours en travaillant une heure à casser des pierres ; alors « le nombre des quémandeurs diminua immédiatement des quatre cinquièmes. »

Revenons chez nous et demandons-nous si de nouvelles expériences mieux préparées ou mieux gouvernées peut-être n'ont pas eu plus de succès.

Parmi les documents qui s'offrent à moi, voici le plus récent, à ma connaissance du moins. Il est du 19 juin 1903, et il tombe sous mes yeux dès le premier jour que je passe, au cours de ce même été, dans mon département d'origine. J'ouvre, en effet, un des journaux du chef-lieu, et je lis :

« La Préfecture nous communique la note suivante :

« L'œuvre de l'assistance par le travail porte à la connaissance du public que, depuis l'ouverture de son établissement (rue des Moreaux, 22, à Auxerre), une certaine quantité d'indigents, passants, ouvriers soi-disant sans travail, tous valides, se sont présentés pour obtenir des secours, mais se sont refusés au travail extrêmement simple et peu fatigant qui leur était proposé, préférant continuer à mendier de porte en porte.

« L'œuvre d'assistance croit devoir mettre en garde la population contre les sollicitations des professionnels de la mendicité, et l'engager, dans l'intérêt général, à les adresser systématiquement, soit au bureau de police, soit à l'établissement de la rue des Moreaux où deux repas par jour et le coucher leur sont accordés, moyennant un travail facile dont le produit leur est remis, défalcation faite d'une partie de la dépense. »

Cet avis, je crois devoir le dire, émane d'une préfecture où actuellement l'on se dit socialiste, en compagnie des représentants très avancés d'un corps électoral très avancé lui-même. Insinuerai-je qu'étant après tout des « bourgeois, » ces administrateurs ou fonctionnaires sont bien aises de faire constater l'indignité des quémandeurs ? Je m'en garderai, et je me contenterai de dire qu'ils ont dû se rendre à l'évidence des faits. Ajouterai-je qu'il ne reste plus qu'à fermer la maison où le travail offert est ainsi refusé ? Eh bien, non ! Dans les exemples que nous fournissent les Allemands et les Belges, nous voyons que les faux pauvres étant partis, les vrais arrivent et restent. M. Boldeswing, dont nous résumions tout à l'heure le témoignage, a bien vu disparaître les quatre cinquièmes de sa clientèle ; mais « parmi ceux qui persistèrent, un grand nombre demanda à être occupé, non pas seulement une heure, mais d'une manière durable, en échange de la nourriture et du logement. » Cette expérience nous permet plus d'un pronostic.

La nouvelle fondation d'Auxerre a été dès le premier jour envahie par des vagabonds qui erraient aux alentours : ils sont venus voir si la soupe y était bonne et n'y était pas trop chèrement vendue par des administrateurs exigeants. Ceux-là sont donc retournés à la grande route, sans oublier les chemins de traverse. Peu à peu, de plus honnêtes et de plus intéressants frapperont à la porte. Ils seront amenés, moitié par la nécessité, à la suite d'un chômage involontaire et imprévu, moitié par l'idée que les mauvais chemineaux ne se présentant plus à l'établissement, on peut y aller sans trop se discréditer. Alors l'asile aura sa petite clientèle. On en fera la statistique, on enregistrera avec satisfaction le pourcentage de ceux qui se seront laissé placer ou qui auront trouvé eux-mêmes, au bout de quelques semaines, un travail plus régulier. On s'en félicitera publiquement, et les personnes encore novices qui entendront ces congratulations au jour de la séance générale annuelle, se diront peut-être que la solution du vagabondage est trouvée par la seule pratique de l'assistance sans répression ; car elles ne regarderont qu'à ceux qui ont bien voulu se servir de l'œuvre et elles ne verront pas ceux qui seront devenus pires pour s'en être systématiquement détournés. Ces derniers, en effet, que deviennent-ils ? En général, ils disparaissent du voisinage de l'établissement ; mais le département est grand, la France encore plus. Entre la maison de travail de l'Yonne dont ils ne veulent pas et celle de la Côte-d'Or ou de la Nièvre qui ne leur plaît pas davantage, ils ont toujours la ressource de dire qu'ils se rendent à l'une ou à l'autre. Plus donc on multipliera ces asiles, plus on donnera aux mendiants et aux vagabonds de prétextes et d'excuses, *si on s'en tient à cette méthode*, sans lui donner de sanction et de correctif ! Sans doute, en dressant au milieu du chef-lieu cet épouvantail d'un travail imposé comme paiement de l'hospitalisation temporaire, on élimine de ses rues et de sa banlieue immédiate les sujets les plus dangereux ; mais enfin on ne les supprime ni on ne les amende. Ils s'en iront donc ailleurs d'autant plus volontiers que les circulaires ayant tant recommandé de les ménager, de ne les arrêter que si on a la preuve que leurs quatre sous ont été volés par eux quelque part, valent pour tous les points du territoire. Ils fuient donc la ville où il leur faudrait, soit accepter une tâche, — ce qui leur serait dur, — soit la refuser ostensiblement, ce qui permettrait de les noter et de les compter plus facilement. Là où ils passeront, ils glisseront à travers une police désarmée par la propagande de ces utopies socialistes à laquelle s'emploient tant de gens, depuis les maires ambitieux et flatteurs de la démagogie, jusqu'à tel ministre de la Justice. On n'en saura donc pas le nombre, et le compte général de la justice criminelle, qui n'aura pas été mis à même de les faire figurer dans ses colonnes, célébrera une diminution du vagabondage, qui sera une pure illusion.

Ceci n'est pas du tout une hypothèse. Je causais un jour avec le distingué préfet du Pas-de-Calais de l'organisation justement vantée que son département avait adoptée contre les mendiants et les vagabonds, de la bonne tenue de son dépôt, du travail qui s'y effectuait ; mais je lui demandais où était la sanction pour ceux qui abusaient ou n'usaient pas de ces ressources. Il me répondit : « La sanction s'opère d'elle-même, car ceux-là quittent le département. » Soit ! La sanction existe donc pour le Pas-de-Calais ; mais, pour qu'elle se fît sentir dans l'ensemble du pays, il faudrait deux choses. La première serait sans doute que semblable organisation existât partout ; mais la seconde serait à coup sûr, qu'au refus de l'assistance par le travail fût appliquée une pénalité sévère. Nous rentrons ainsi forcément dans la voie de la répression.

C'est ce que nos voisins du Nord et de l'Est ont compris, ce semble, mieux que nous. En Belgique, d'après la loi du 27 novembre 1891, le juge de paix, chaque fois qu'un vagabond ou un mendiant est traduit devant lui, doit rendre sa décision dans les vingt-quatre heures. Il a sous les yeux le « sommier » du vagabondage et les renseignements de police plus récents qui s'y ajoutent au moment de l'arrestation. S'il résulte des documents que le prévenu est un mendiant ou un vagabond vicieux, le juge peut le mettre « à la disposition du gouvernement » pour une période de sept années [7]. Les Allemands ont, eux aussi, ce qu'ils appellent leur « liste noire » où sont consignés, au fur et à mesure qu'on les surprend au passage, les exploiteurs de l'assistance. Ceux qui y figurent sont exclus des établissements charitables et tombent, *ipso facto*, sous le coup de la loi pénale [8].

Il faut donc bien voir la réalité des choses. Si la menace de la répression est de nature à convaincre certains hommes qu'ils doivent s'efforcer de mériter l'assistance, l'assistance est, de son côté, une pierre de touche permettant de reconnaître sûrement les natures envers lesquelles il faut se résigner à la répression. L'assistance n'est donc pas, elle ne sera jamais un instrument qui permette de réaliser dans la société cette égalité tant rêvée par les utopistes. Réussît-on, — ce qui déjà est visiblement une chimère, — à tout retourner de manière à égaliser les conditions extérieures et matérielles de l'existence, à ces conditions répondraient toujours des inégalités indéfiniment croissantes dans l'éducation, dans les habitudes, dans la force de résistance ou de réaction, dans la volonté enfin, — quelle que soit d'ailleurs l'explication qu'on en donne. Comme il est bon de ne point se résigner à des inégalités factices, fruits d'injustes hasards, c'est un devoir d'essayer de rétablir quelque équilibre par l'organisation d'une assistance. Si tous en usaient bien, avec réflexion et avec courage, elle serait à peu près inutile, car de telles gens auraient trouvé mieux. Si tous en usaient mal, elle serait désastreuse. Entre les uns et les autres sont des consciences incertaines qu'on peut encore redresser, des courages intermittents qu'on peut encore préserver de plus longues défaillances. Si on réussit avec ces derniers, on doit s'estimer très heureux, on doit se féliciter d'avoir tendu la main à qui a su la prendre et y trouver un point d'appui pour son effort personnel. Une politique habile et sage préserverait ces natures moyennes de deux concurrences. Elle leur épargnerait d'abord celle des misères dorées, en cessant de prodiguer aux intrigants les offres de faveurs, les protections, les dispenses, les entrées gratuites dans des établissements officiels, les créations d'emplois superflus…, car par là on énerve la vaillance de beaucoup qui, descendant d'un degré, en font descendre d'autres plus bas encore dans la voie irrégulière où ils les poussent. Mais à ces caractères réellement affaiblis par des épreuves extérieures et méritant d'être aidés, il faut encore plus épargner la concurrence des parasites qui leur porteraient doublement tort, en les corrompant davantage et en amenant la société à se décourager de l'assistance. Oui, réprimer ces parasites est un devoir étroit, un devoir de justice et, ne craignons pas de le dire, un devoir d'humanité.

Section IV

Donc répression et assistance s'appellent et se supposent mutuellement ; car, à tout le moins, la société ne peut pas admettre qu'on abuse de son assistance et qu'aux salutaires conditions qu'elle y doit mettre on préfère une mendicité paresseuse ; d'un autre côté, cette même société doit veiller à ce que nul ne soit mis, malgré lui, dans l'impossibilité d'obéir à la loi.

Mais ces deux devoirs ainsi posés, il y a lieu de se demander quelle est celle de ces deux tâches qui mérite qu'on commence par elle et qu'on lui réserve la primauté. Si l'on en croit les écoles socialistes, la société devrait se dire : « Tant que je n'aurai pas amorti ou plutôt prévenu les tentations violentes par les facilités que je leur aurai données pour qu'elles se satisfassent toutes également, je ne réprimerai pas ceux qui auront eu le malheur d'y succomber ; car, ainsi que l'a proclamé le grand ancêtre : « A chacun selon ses besoins ! »

Une pareille théorie mènerait loin. D'abord il faudrait, ce semble, graduer l'intensité des tentations chez les uns et chez les autres. Il faudrait que l'État réglât lui-même et le salaire individuel et le salaire familial, qu'il dosât les besoins divers au nord et au midi, qu'il accordât une prime d'encouragement, à ceux-ci parce qu'ils sont trop simples, à ceux-là parce qu'ils sont raffinés, qu'il concédât à « l'artiste » tout ce qu'il réclamait de permissions et d'immunités dans les beaux temps du romantisme. Il faudrait donner à l'ouvrier parisien des facilités particulières pour contenter ses goûts surexcités au contact de toutes les jouissances de la grande ville… Il y a une vingtaine d'années, quelques délégués de ces ouvriers

24

se faisaient entendre d'une commission où siégeaient plusieurs députés de leurs amis, et non des moindres. Enhardis par leur présence, ils s'efforçaient d'établir le *Standard of life* ou le budget obligatoire des citoyens de leur groupe. Ils n'avaient point manqué d'y faire figurer le théâtre, comme indispensable à la formation de leur goût et au maintien de la supériorité esthétique de l'industrie française. C'était sur un budget ainsi dressé par eux qu'il fallait se régler pour arrêter les séries de prix officielles et autres mesures d'ordre social.

Nul doute que pour eux un ouvrier n'ait le devoir de payer son loyer qu'après avoir satisfait à ces exigences primordiales de sa profession : l'argent destiné à lui assurer sa place au parterre est presque aussi insaisissable que ses outils. Que ces ambitions soient rarement formulées en une théorie comme celle que je résume, c'est possible. Il n'en est pas moins vrai qu'en elle *culminent*, comme disait Bismarck, une foule de prétentions souvent agressives et auxquelles un grand nombre de législateurs sont prêts à faire concession sur concession [9].

Une autre conséquence logique de cette méthode ou de cette politique serait qu'en une multitude de cas on n'excuserait pas seulement (comme le juge de Château-Thierry), on réhabiliterait des actes qui sont tout au plus des expédients… à ne pas encourager. A part un bien petit nombre de *cas* plus connus dans les hypothèses des *casuistes* que dans l'expérience des observateurs, l'appropriation non autorisée d'une partie du travail d'autrui, c'est-à-dire le vol, ne sera jamais une solution. Non, ce n'est pas une solution pour celui qui s'y abandonne, au moment même où il s'y abandonne. A plus forte raison n'en est-elle pas une pour la suite de ses efforts. Mieux valait pour lui apitoyer un honnête homme, — il l'eût trouvé, — que de fournir un exemple de plus aux malhonnêtes gens ; car il n'est guère de pauvre qui ne soit exposé à être volé, sous une forme ou sous une autre, par un plus pauvre que lui ou se disant tel ; et on connaît le mot si juste : « Celui qui vole le pauvre, c'est le mendiant.., » — le mendiant professionnel. De même, chercher partout du travail sans s'arrêter nulle part ne sera jamais un bon moyen d'en trouver.

Telles sont les vérités nécessaires à rappeler même aux individus qu'elles paraissent opprimer dans des circonstances particulières.

Il est de l'essence de la loi de fixer tout ce qu'exige la commune sécurité des citoyens. A une société d'hommes ayant des passions et des intérêts qui risquent à tout moment d'être en conflit dans des circonstances d'une variabilité indéfinie, il faut avant tout des règles simples et fixes. C'est sur ces règles qu'il est enjoint, une fois pour toutes, à chacun, de redresser ses incohérences, de refréner ses caprices égoïstes, d'orienter ses prévisions, d'orienter enfin ses efforts, ceux des enfants qu'il élève et des personnes dont il a la charge. S'il y a une éducation sociale, une éducation donnée par ceux qui ont la réflexion et l'expérience à ceux qui n'ont ni l'une ni l'autre, en voilà bien le premier fondement.

Certes, nous ne l'avons pas oublié, la société doit se tenir à même de discerner ceux qui n'ont réellement pas pu obéir à telle ou telle loi. Toutes les fois, en effet, que le cas se renouvelle, les représentants de la justice, juges ou jurés, veulent avoir à leur disposition des moyens de tempérer, quelquefois même de supprimer complètement la peine. Mais il importe de diminuer le nombre de ces cas : toutes les exceptions sont dangereuses, elles prêtent à des interprétations individuelles qui deviennent vite des encouragements à éluder la loi commune. La faveur, la partialité politique, la flatterie à l'égard de certaines classes risquent bien aussi de les mal distribuer ou de les multiplier au-delà de ce qui est juste et utile. Tout cela bien entendu, il faut donc avoir le courage de dire qu'en général l'assistance sociale ne doit pas trop aller au-devant des difficultés, que l'impossibilité d'obéir aux injonctions de la loi pénale (pour peu que celle-ci soit faite avec bon sens) ne se présume pas et que c'est assez d'assurer l'assistance aux nécessités prouvées par des faits sur lesquels il est impossible de revenir.

Un vieillard est là, impotent, sans famille ou abandonné par des enfants disparus, émigrés, misérables eux-mêmes ; eût-il eu de l'imprévoyance ou des torts plus graves, personne ne supportera qu'on le laisse mourir de faim. Mais quand des travailleurs ont quarante ou cinquante ans devant eux pour réfléchir à la situation qui les attend sur leurs vieux jours, quand ils ont eu tout le temps d'entrer dans des mutualités, d'élever des enfants laborieux, honnêtes et reconnaissants, pourquoi leur assurer d'avance, à tous indistinctement, une assistance certaine qui les dispense de toute prudence ? Une fille-mère est là sans logis, sans pain et sans lait, ou bien cet enfant que le père avait trahi, elle-même l'a finalement renié et abandonné. Qui niera le devoir social de recueillir et de faire vivre la malheureuse créature ? Mais de là à rouvrir ces tours qui étaient autant d'invitations à l'abandon systématique et calculé, même avant la faute, je crois qu'il y a loin. A ceux qui prétendent que ces deux méthodes reviennent à peu près au même, et que la première est seulement plus prévoyante et plus humaine, je répondrai que l'expérience a prouvé le contraire [10]. Il faut si peu de chose pour enhardir l'homme au mal ! Il en faut un peu plus pour le pousser au bien, je le reconnais ; mais encore faut-il que ce soit le second effort et, non le premier, qui domine dans les institutions, dans les lois, dans les coutumes consacrées, et dans ces opinions éparses et flottantes qui déterminent la qualité de l'atmosphère sociale.

Section V

Voici maintenant un homme qui s'est mis dans un cas tel qu'il est impossible de lui laisser continuer ses actes anti-sociaux. Si c'est un calomniateur ou un faux témoin, il faut lui fermer la bouche ; si c'est un violent, il faut le faire reculer dans ses attaques et lui enlever l'envie d'abord, puis la possibilité de les renouveler : bref il faut réprimer les méfaits des uns et des autres. La société ici n'oublie pas son devoir d'assistance ; seulement, comme nous l'avons déjà fait observer, elle l'exerce en faveur de ceux qu'elle défend contre les actes qu'elle réprouve et contre les projets nouveaux dont le nombre serait bien vite accru par la vue de l'impunité.

N'abusons pas cependant de cette opposition, si évidente qu'elle soit ; cherchons loyalement si la société n'a pas intérêt à assister le coupable même et à quel moment, sous quelle forme, sous quelles conditions elle le peut faire.

Le moyen non seulement le plus humain, mais le plus sûr de réprimer le délit (en prenant ce mot « réprimer » dans son sens le plus précis, qui est en même temps le plus compréhensif et le plus plein) serait évidemment d'amender le coupable ; et alors assistance et répression coïncideraient. Il est clair que si vous transformez un vagabond en un travailleur régulier et un voleur en honnête homme, vous rendez à la société un plus grand service qu'en gardant sous les verrous d'une maison centrale un prisonnier de plus. Cicéron disait dans son *De officiis* ; « Je ne sais si ce n'est pas assez du repentir pour amender le coupable et pour empêcher les autres de l'imiter. »

L'idée est profonde, mais le doute qui l'accompagne pourrait être un peu plus accentué. Oui, le repentir aurait cette double vertu s'il était persévérant, s'il était logique et s'il se manifestait aux yeux des autres avec une intensité suffisamment contagieuse, — toutes conditions difficiles à obtenir, la dernière surtout. Aussi, en présence de l'homme qu'elle juge et qu'elle va sans doute condamner, la société est-elle comme le chirurgien devant un malade qu'on ne peut pas laisser tel qu'il est sans intervenir, bien que l'on conserve quelques doutes sur les suites de l'intervention même. A l'un comme à l'autre s'impose avant tout le vieil aphorisme : *primo non nocere* ; il ne faut pas par sa faute aggraver le cas et augmenter le foyer d'infection qui, par son action envahissante, ne tarde pas à multiplier ses victimes.

Lorsqu'un prévenu comparaît pour la première fois, lorsque son délit semble l'effet d'un entraînement excusable et qu'il y a lieu enfin d'espérer de bons résultats des réflexions qu'il a dû faire en se voyant arrêté, interrogé, mis en face de la loi, c'est l'aider dans sa résistance au mal et dans ses efforts que de lui remettre provisoirement sa peine. Ainsi l'ont pensé les auteurs de la loi de sursis : somme toute, ils ont eu raison. Lorsqu'on est en présence d'un enfant, d'un adolescent ayant commis un acte répréhensible dont il faut empêcher le renouvellement, c'est une bonne politique que d'essayer de redresser ses habitudes, que de compléter sa formation mal ébauchée, que de le retirer du milieu où il risquait de se perdre pour jamais, que de lui ouvrir, sans appareil humiliant, un milieu nouveau où ceux de ses bons penchants qui subsistent pourront, s'ils se dégagent et se fortifient, redonner une vie saine à tout son être. Oui, c'est là un mode d'assistance qui assure, s'il réussit, la meilleure des répressions. Les mesures de sévérité, auxquelles il est impossible de renoncer dès le début, ne seront que des moyens. Le but sera la création d'une personnalité nouvelle capable de subsister. Si des insuccès viennent souvent compromettre cette œuvre nécessaire, ce n'est pas que la conception soit mauvaise : il ne faudra jamais admettre qu'elle soit telle ; ce sont les méthodes adoptées qui sont défectueuses, et il ne faudra jamais renoncer à les améliorer.

Adulte et engagé dans la vie avec la plénitude de sa responsabilité, l'homme est souvent encore un grand enfant, corrigible et curable. Accepter qu'il soit définitivement retranché de la société par la prison perpétuelle ou par la mort, est une extrémité à laquelle il ne faut se résigner que dans deux cas : ou quand la réitération des actes criminels a été telle que la société ait le devoir de ne plus perdre son temps à des tentatives payées par des déboires multipliés, ou quand l'acte a été de telle nature que les honnêtes gens ne puissent réellement pas être obligés de subir le contact d'un être absolument déshumanisé. Sans doute, il est à souhaiter que la condamnation capitale devienne une exception de plus en plus rare. Mais à notre avis, bien réfléchi, mieux vaut que la peine de mort infligée aux auteurs d'actes monstrueux permette de ne pas faire perpétuelle et irrémissible, donc plus avilissante encore, la peine infligée à beaucoup d'autres [11].

Dirons-nous que, tant que la société conserve un homme sous sa main, elle doit substituer sa propre action à celle de la liberté dont elle le prive ? Pas précisément, mais elle doit un peu le traiter comme chacun de nous traite un de ses membres qui est malsain et qu'il ne veut pas cependant retrancher de son corps. Elle doit, non pas l'assister quand même, mais lui offrir son assistance et faire en sorte que s'il n'en veut pas, ce soit uniquement sa faute à lui. Comment cela ? Par une méthode très rationnelle et très simple, la voici : qu'à chaque pas fait par le condamné dans la voie du repentir sérieux, du travail et du respect, corresponde un pas fait par la société du côté de la clémence et du pardon ! Qu'à chacun des efforts de celui-là réponde une aide accroissant d'autant son espérance de réhabilitation. Il y a là une assistance réelle qui complète la répression comme la charité complète la justice.

Pour y réussir, il est des nécessités qu'on ne supprimera pas ; il est des combinaisons qu'on doit sans cesse améliorer dans la pratique, mais qu'on ne pourra jamais remplacer. Tel est l'enchaînement de ces trois parties de l'œuvre sociale que nous étudions : l'emprisonnement individuel, le patronage et la libération conditionnelle. Il ne faut pas se lasser de redire que ces trois phases de l'intervention salutaire sont étroitement liées l'une à l'autre et se réclament l'une l'autre.

Est-ce bien là de l'assistance ? Indubitablement. N'est-ce pas assister le condamné que de le soustraire à une promiscuité où ses codétenus achèveraient de le corrompre autant qu'il achèverait de les corrompre eux-mêmes ? Par là seulement est rendue possible la partie capitale de cette œuvre si difficile, je veux dire le patronage. Qu'a donc à faire le patronage ? Rétablir les relations entre le condamné et sa famille, si sa famille est honnête, lui chercher d'avance du travail, choisir pour lui ou avec lui entre le rapatriement dans son pays d'origine, l'engagement militaire et l'émigration, économiser son pécule, veiller à ce qu'il n'en fasse pas un usage désastreux, demander pour lui, au bon moment, la libération conditionnelle, le suivre dans cet essai, s'inquiéter, dès que les circonstances et le temps écoulé le permettent, de sa réhabilitation légale, en recueillir les éléments et les faire accepter de qui de droit, et ainsi de suite. Mais tout cela, c'est une suite d'interventions qui, pour se faire accepter utilement, ont besoin d'être préparées. Ce n'est pas dans le premier accablement du lendemain de l'incarcération, c'est encore moins au lendemain d'une libération complète et attendue avec toute l'impatience des instincts comprimés, ce n'est pas non plus en présence de tous les compagnons d'infamie qu'on peut improviser de telles tentatives. Elles demandent à être poursuivies dans les longues heures où la cellule dissipe les illusions du détenu et lui fait sentir tout le poids de la nécessité. Aucune raillerie, aucun entraînement contagieux, aucune émulation de grossièreté ou de révolte ne mettent là d'obstacle factice entre lui et la réalité des choses. Son désir de parler et d'entendre ne peut plus être satisfait que par des conversations honnêtes, comme son ennui ne peut plus être distrait que par le travail. Alors peuvent se succéder les aveux, les confidences, les bonnes résolutions, les engagements et même les habitudes qui, rompant le cours des associations anciennes, en construisent peu à peu de nouvelles, plus favorables à la guérison de la volonté. Si aucun de ces essais ne réussit, quelle assistance inventerez-vous qui puisse refaire l'homme sans lui et malgré lui ? Quelle sera l'aide dont il n'abusera pas ?

Celle qui vient d'être esquissée est donc la seule à essayer. Elle en vaut la peine. Sans paradoxe aucun, on peut soutenir que cette assistance curative peut s'orienter plus sûrement que certaines parties de l'assistance préventive tant réclamée. Comment en effet, dans celle-ci, présumer la vivacité, la nature même des passions et des tentations de l'individu ? Comment savoir, par exemple, si les avances que l'on consentirait à tel ou tel pour l'aider à franchir dans son milieu une étape quelconque ne seraient pas une prime à la paresse et à la dissipation ? Comment savoir s'il en a vraiment besoin et s'il le mérite au fond plus que tel de ses voisins qui ne demande rien et auquel on a jugé bon de ne rien offrir ? Mais quand, usant de sa libre initiative sous le couvert du droit commun, l'individu s'est mis, par sa faute, dans la nécessité de rendre des comptes, alors son acte est connu, ses antécédents sont dévoilés, les mobiles auxquels il a obéi sont dégagés : la société sait par où il s'est gangrené et par où on doit, si on le peut, essayer de l'assainir.

On le voit donc, pour que l'assistance aux condamnés soit entendue et pratiquée comme elle doit l'être, il faut qu'elle soit très humaine, au sens profond du mot. Il tombe sous le sens néanmoins qu'étant greffée sur la condamnation et sur la peine, elle a besoin que celles-ci ne soient pas devenues des branches mortes de la vie sociale. Où le condamné donne-t-il la preuve qu'il est digne des efforts du patronage, si ce n'est dans sa façon de réagir contre les épreuves qu'on lui inflige, de transformer le lieu de son châtiment en un lieu de travail, d'user correctement, en faveur de ses victimes, du surplus de ses gains, de justifier enfin sa libération provisoire par l'honnête courage de sa conduite et par sa docilité envers ses patrons ? Bref, assister le condamné, c'est le mettre en état de mieux profiter de sa peine, s'il le veut, pour son bien propre et pour le bien de la société : l'assistance s'appuyant ainsi sur la répression, il est clair qu'elle ne peut pas la supprimer.

Elle le peut d'autant moins que la tendance obstinée à la récidive se mesure précisément à l'espèce d'horreur que le délinquant a pour l'assistance ainsi mise à sa disposition. Il se produit dans les œuvres de patronage pour libérés un phénomène analogue à celui que nous avons constaté dans les œuvres d'assistance pour simples indigents. Pendant que les plus malhonnêtes les fuient, les plus honnêtes les recherchent : et ainsi s'accentue encore cette inégalité morale que l'utopiste se flatte d'abolir par des mesures administratives. J'ai rapporté autrefois le fait d'ouvriers indemnes de tout casier judiciaire qui, se présentant au patronage fondé par M. Bérenger, s'y donnaient faussement pour des libérés : ils espéraient profiter des ressources de l'œuvre et obtenir par ses relations du travail et un placement. Plus récemment, il s'est créé une œuvre de patronage spécial pour les adolescents ou jeunes adultes sortis de la Petite-Roquette. Or ce sont ceux-là mêmes pour qui le patronage a été ouvert qui se soucient le moins d'y entrer ou qui n'y viennent que quelques heures pour y gagner l'argent destiné à la première soirée de liberté. Si la Société ne veut pas fermer ses ateliers [12], elle sera peut-être obligée d'y admettre quelques-uns de ces enfants non condamnés dont les familles sont déjà venues frapper à sa porte. Quant aux autres, ils retourneront plus sûrement encore à la prison, à moins que la justice ne prenne le parti de leur laisser indéfiniment une liberté de mal faire à peine coupée, de loin en loin, par des « rafles » comme celles d'août et de septembre 1902. Plus récemment encore, un groupe d'hommes de bien a imaginé ce qu'il appelle le patronage familial, destiné, selon les statuts, à aller, dans l'intérieur même des familles, offrir une direction et une tutelle aux enfants difficiles, que leurs parents n'ont pas le loisir de redresser eux-mêmes. Insensiblement, me dit l'un de ses membres les plus zélés, ce patronage est devenu presque exclusivement un bureau de placement. Or il est, ici encore, aisé de prévoir la direction que ses opérations vont recevoir. Useront de plus en plus du placement ceux qui en voudront sincèrement : les autres sauront bien se soustraire à toute surveillance, jusqu'à ce qu'ils contraignent la police à leur octroyer la sienne. De toutes parts nous sommes ramenés aux mêmes conclusions : ceux qui pratiquent l'assistance ont au cœur le noble désir de diminuer certaines inégalités ; mais beaucoup de ceux auxquels est destinée l'assistance accroissent encore plus ces inégalités par le mauvais usage ou le refus de l'aide qu'on met à leur disposition : alors, pour ces derniers, il faut bien en venir à la répression.

On comprendrait dans une certaine mesure que les âmes sensibles hésitassent, si la répression devait compromettre l'assistance, au lieu de lui préparer la voie. Nous avons déjà recueilli plus d'une raison de penser le contraire, et des témoignages mêmes de l'étranger viennent nous confirmer dans notre manière de voir. A la conférence des directeurs de colonies de travail réunis à Kastorf du 19 au 21 juin 1902 [13], il a été bien expliqué que beaucoup d'hommes ayant subi des condamnations ordinaires se présentaient à la maison hospitalière. Fallait-il les éliminer pour ne garder que les travailleurs indemnes ? Non, a-t-il été répondu, car ceux-là sont très souvent les travailleurs dont le séjour est le moins onéreux. « La discipline de la maison d'arrêt les a matés, ce sont généralement les plus soumis entre les colons. » On a observé aussi que pour les autres, pour ceux qui se présentent sans avoir passé par la prison, le séjour prolongé était une condition essentielle de succès. Or, qu'est-ce donc qu'un internement prolongé ? Comment le différencier sérieusement de ce qui fait le fond de la répression ? Ce que les Allemands ont observé là chez eux, ne se remarquerait peut-être pas en France au même degré, je le sais, car nos vagabonds préfèrent la prison à la maison de travail. C'est que la discipline de notre prison, il ne faut pas craindre de le dire, n'est plus assez répressive. C'est surtout que l'emprisonnement en commun ne développe chez les condamnés que les pires sentiments et les pires instincts. L'énervement de la répression, voilà ce qui nuit le plus à l'efficacité du patronage dont elle devrait être partout la préparation. La politique que nous combattons compromet donc à la fois et la répression et l'assistance.

Section VI

Elle les compromet encore davantage si elle méconnaît la division du travail qui, à notre avis, s'impose, et si ce qu'on nomme l'État concentre tout entre les mains de sa propre administration.

Que la répression soit une et qu'un seul pouvoir l'applique, voilà un principe incontestable. Loin d'y contredire, nous dirons même que chez nous l'État n'y est point assez fidèle. Nul ne doit se faire justice à lui-même ; nul ne doit être juge dans sa propre cause, tel est le fondement de cette délégation que chacun de nous fait aux pouvoirs publics de son droit de légitime défense. Après avoir consacré cette vérité par la suppression de bien des privilèges, pourquoi laissons-nous encore subsister des tribunaux administratifs et un tribunal dit des conflits où l'administration est toujours sûre d'avoir le dernier mot contre les plaintes qui la concernent ? Il faut se résigner cependant, paraît-il, à voir cette confusion subsister dans la pratique, longtemps après avoir été condamnée en théorie.

C'est une raison de plus pour examiner de près les prétentions croissantes du gouvernement à se faire le dépositaire et le distributeur de tous les secours que dispensait jusqu'ici la libre charité.

La société doit tempérer la répression par l'assistance, tant par l'assistance préventive que par l'assistance curative. Mais la société n'est pas la même chose que l'État, si l'on voit surtout dans l'État l'ensemble des pouvoirs qui gèrent les intérêts communs des membres d'une même société. Il est parfaitement possible que tout en gorgeant l'État de sommes destinées à l'assistance dite publique, une société ne remplisse pas son devoir d'assistance.

Elle ne le remplira pas si elle tolère qu'une trop grande partie de cet argent passe en d'inutiles frais bureaucratiques [14]. Elle ne le remplira pas si elle permet qu'on assure même à des insouciants des avantages supérieurs à ceux que s'assure par lui-même un honnête père de famille et si elle fait payer à celui-ci une partie de ce qu'elle octroie à celui-là.

Elle ne le remplira pas si, se reposant sur le pouvoir du soin de tout faire avec des procédés anonymes, uniformes et mécaniques, elle renvoie devant des guichets grillagés les malheureux qui auraient besoin d'un secours moral et d'un réconfort personnel.

En retour, même en ne mettant que des ressources restreintes à la disposition de ses bureaux, la société peut faire largement son devoir si elle sait multiplier les œuvres libres. En un court volume, digne de devenir le guide classique de toute assistance, M. Münsterberg, de Berlin [15], a formulé quelques-uns de ces principes, et il l'a fait avec un bonheur d'expression d'autant plus digne de remarque et d'éloge qu'il parle au nom d'un État si fortement centralisé. « On ne saurait assez dire, écrit-il, que l'assistance (il entend ici plus précisément l'assistance publique sous sa forme ordinaire, la délivrance d'une somme d'argent) occupe le dernier rang dans les mesures contre l'indigence. » L'indication du travail, ajoute-t-il avec raison, voilà ce qui mérite par-dessus tout l'attention et les efforts réunis de la bienfaisance, de l'assistance et de la science sociale. Or ici, l'action de l'État n'a rien d'indispensable, et quand elle s'exerce le mieux elle ne fait après tout qu'enregistrer un état de choses créé en dehors d'elle. L'auteur berlinois [16] avertit même les œuvres de ne pas trop ressembler, en se développant, aux administrations publiques. « Ce qui manque le plus aux associations, ce sont les visiteurs ; ils sont cependant indispensables. Les visites personnelles, l'enquête, la détermination des circonstances particulières aux nécessiteux sont ce qu'il y a de plus indiqué, et sans les concours charitables, tout ceci est impossible. »

Donc, autant il est nécessaire que l'État conserve la répression comme son œuvre propre, qu'il n'en délègue aucune portion, autant il est permis de contester que l'assistance soit une de ses attributions essentielles et réservées. On doit toujours se défier d'un pouvoir qui, au lieu de se borner à être le redresseur de tous les torts et le pacificateur de tous les partis, entend se réserver une distribution de bienfaits où il n'est que trop tenté de multiplier les faveurs à son idée. Mais nous devons examiner ici ce problème du point de vue spécial que nous nous sommes assigné. L'État est-il plus sûr d'améliorer la répression, c'est-à-dire de la rendre plus efficace en la faisant plus humaine, s'il se charge lui-même de l'assistance des gens déjà coupables ou en danger de le devenir ? Voilà pour nous toute la question ; elle mérite que nous nous y arrêtions encore.

Beaucoup pensent que l'État, — parce qu'il est neutre et que c'est peut-être en effet son devoir, — se démunit lui-même nécessairement des plus grandes ressources éducatrices ou réformatrices que connaisse l'humanité : ils en concluent qu'il laisse bien aisément se corrompre les âmes dont il lui a plu d'assumer la direction et la responsabilité. Je n'irai pas tout à fait jusque-là ; car j'admets ou, pour mieux dire, je sais que, quand l'œuvre d'un établissement officiel a été préparée et continue à être soutenue par des familles normales, cette collaboration n'est pas embarrassée pour faire montre de certains succès. Mais voyons l'État prenant à sa charge des natures très compromises et substituant auprès d'elles son influence à toute autre. Il les réunit, il les agglomère en de vastes groupements [17]. Cette seule agglomération rend les conditions du relèvement très difficiles. La subordination, la diminution, l'élimination progressive de tout ce qui n'est pas neutre rend la tâche plus malaisée encore. L'étiquette n'y fait rien, parce qu'elle ne signifie rien. L'État peut la changer tout à loisir, — comme d'ailleurs il ne s'en est pas fait faute : refuge, asile, dépôt, colonie, réformatoire, maison de salut, maison de travail, s'il s'agit de désigner les lieux et les édifices ; correction, amendement, relèvement, réforme et tout ce qu'il vous plaira, s'il s'agit de désigner la méthode souhaitée, ce n'est point là ce qui peut modifier le caractère de la population. Or, c'est ce caractère mémo qui détermine le régime à adopter, comme c'est ce régime qui fait à son tour la réputation de l'établissement.

On s'est beaucoup moqué, — non sans fondement, — de ces décrets révolutionnaires qui bouleversent les dénominations pour leur donner des apparences libérales, égalitaires et fraternelles, mais ne modifient en rien le fond des choses : « Art. I. Les agents de change sont supprimés ; — Art. II. Il est établi des agents d'échange, chargés de… etc. » Les « gardiens de la paix » vous passent-ils moins les gens « à tabac » que s'ils s'appelaient encore agents de police ou sergents de ville ? Je veux bien qu'un mot nouveau ait sur les imaginations une action plus ou moins profonde quand il résume quelque chose de vraiment nouveau, le caractérise et en fixe dans les esprits l'idée jusque-là flottante et indécise. Mais quand on se heurte à des misères aussi vieilles que le monde, à quoi sert de jeter sur elles un voile transparent ? On a supprimé le mot de « galères, » on a supprimé le mot de « bagne. » On leur a substitué, quoi ? La « transportation, » mot assurément bénin, et la « colonisation pénale, » mot plus doux encore. Eh bien ! est-ce que la chose n'a pas subsisté ? Cayenne prouve-t-il, assure-t-il plus que Toulon l'adoucissement des mœurs pénitentiaires et la régénération des criminels ? Non ! l'utopie de la colonisation par masses de libérés est définitivement morte, pour cette seule raison qu'elle n'était point née viable. Un instant, sans doute, le gros du public, qui aime les illusions, trouve là une occasion, — : et il la saisit avec empressement, — de s'en procurer quelques-unes. Mais bientôt ces illusions tombent, et on s'aperçoit qu'on a, je ne dirai pas déshonoré, mais usé sans profit un mot de plus. Le nom de Saint-Lazare sonnait bien quand on ne pensait qu'à la fondation de saint Vincent de Paul. Il est devenu plutôt repoussant depuis qu'on a rempli la maison de toutes les femmes que l'on sait. Mais qu'un beau matin la prison s'appelle asile humanitaire ou refuge de la rue du faubourg Saint-Denis, celles qu'on y mettra seront-elles autre chose que des voleuses, des empoisonneuses et des prostituées ? Faudra-t-il simplement les assister comme si c'étaient des enfants martyrs ou de pauvres filles ignorantes de ce qu'est la vie ? Qu'on les traite d'ailleurs avec des méthodes plus ou moins diversifiées, qu'on leur enjoigne de parler au lieu de se taire et de lire des livres au lieu de coudre, le public ne leur donnera pas plus sa confiance que du temps où on lui disait : Cette femme sort de Saint-Lazare. Qu'on puisse relever ces malheureuses, et faire que leur passé soit oublié, — d'elles-mêmes d'abord, puis des autres ; — que ce soit là une œuvre à ne jamais abandonner, d'accord ! Mais il y faut autre chose qu'un changement de dénomination.

Nous avons vu plus haut comment un ministre belge se vantait d'avoir pour les vagabonds substitué à la prison la maison de travail. Il ne parlait là, remarquons-le d'abord, que de gens sans domicile et sans ressources. Mais pour peu que l'assisté refuse de se laisser fixer et de travailler, le juge belge le met bel et bien *pour sept ans*, à la *disposition du gouvernement* qui le *détient* dans une de ces maisons où il l'oblige à faire sa tâche quotidienne. En quoi cela diffère-t-il de la répression et de cette forme de la répression qu'on appelle l'emprisonnement ? Suivons maintenant ces *internés* ou ces *détenus* (de ces deux mots finalement l'un vaut l'autre, et on appellerait ces gens des *reclus*, que le bénéfice serait aussi nul). La parité de leurs antécédents et surtout leur agglomération créent avec eux un milieu dont nul artifice ne modifiera la nature. Les Allemands ont cru faire une belle découverte en appelant « travail forcé, » au singulier, le régime de leurs « stations » réservées aux mendiants et aux vagabonds. Il a bien fallu, pour y maintenir la discipline, des sévérités comparables à celles des bagnes : elles ont entraîné des morts qu'il a fallu défendre à grand'peine, soit devant les tribunaux, soit à la tribune. De là cette déclaration (je ne puis faire autrement que de la rappeler ici) d'un ministre prussien dans une séance du Reichstag : « Toutes personnes connaissant bien les maisons de travail forcé admettront certainement que la population de ces établissements est pire que celle des maisons centrales et que les réclusionnaires sont des personnages distingués si on les compare aux internés. »

Tels sont les hommes en faveur de qui la répression devrait, semble-t-il, reculer chaque jour d'un pas de plus devant l'assistance. Je ne crois pas nécessaire d'insister.

Section VII

« Où est donc, diront cependant quelques hommes aux illusions tenaces, où est donc l'utilité d'insister sur ces aspects si tristes ? Et quelle est donc cette âpreté que vous mettez à dépister partout les retours offensifs du crime ? Quel est donc cet amour de la répression et cette crainte de voir la société montrer trop de clémence ? Vous avez donc bien peur qu'on ne punisse pas assez ? » Nous avons peur tout simplement qu'on ne ferme les yeux sur des désordres dont on n'amènera ni la suppression ni l'adoucissement par le seul fait qu'on feindra de les ignorer. Nous craignons qu'en niant les mauvaises volontés on ne leur donne un encouragement dont à la fin elles souffriront elles-mêmes gravement ; car le pouvoir qui les aura le plus surexcitées par son imprudence ne sera pas celui qui les frappera de la main la moins rude.

En conséquence, nous appelons l'attention sur la répression toujours nécessaire du mal ; mais de ce que nous disons que l'assistance ne suffira jamais à le faire disparaître, cela ne veut pas dire que nous ne comptions que sur la répression dure, impitoyable, étrangère surtout aux préoccupations morales. Il s'en faut ! Nous croyons que, pour accroître la somme de bien-être à réaliser dans la société, une prétendue assistance banale, sans discernement, relâchée, ouvrant la porte à tous les abus, aussi bien chez ceux qui l'administrent que chez ceux qui la sollicitent, ne vaut pas une répression vigilante, attentive à toutes les marques de retour, prête à pardonner, quand le pardon est juste et opportun. Nous croyons surtout que la « perfection relative où doit tendre l'ordre social exige que l'État se contente d'exercer par lui-même la fonction répressive : elle lui suffit ; elle et lui sont faits l'un pour l'autre, et là personne ne peut le remplacer.

Pour ce qui est de l'assistance, c'est le devoir de l'État d'être attentif à la façon dont elle se donne et d'en réprimer les abus, s'il s'en produit. C'est aussi son devoir d'entrer en scène là où la libre association, la libre mutualité, la libre charité enfin n'auront pas suffi. Là où elles agissent, il doit être heureux de leur céder la place parce qu'il y trouve une meilleure économie (dans tous les sens du mot) des richesses collectives. Il fut un temps où l'on pensait que le devoir d'un gouvernement était de travailler à se rendre inutile, d'épier partout l'apparition et les progrès d'une œuvre libre pour lui laisser exercer, sous contrôle, une partie de l'action sociale. On croyait avec raison qu'à une pareille politique tout le monde gagne, — ceux qui agissent, ceux pour qui on agit, — et que l'État, dispensé d'agir là où il peut être suppléé, n'en retrouve que plus de liberté d'agir fortement dans les sphères à lui réservées. Mais depuis quelque temps surtout, — est-il nécessaire de le rappeler ? — nous assistons à une politique toute contraire. L'État néglige la répression, qui est son œuvre nécessaire ; il veut accaparer et monopoliser l'assistance, pour laquelle il est si peu compétent. Il épie les progrès de l'initiative individuelle pour les arrêter ; toutes les fois qu'une œuvre a fait, par elle-même, ses preuves de vitalité et de succès, vite ! il la comprime ou il la supprime ! Il n'a plus d'autre idéal que de pouvoir dire à toutes les libertés : Nous avons mis à grands frais notre administration irresponsable en état de se passer tant bien que mal de vos services, il est temps que vous disparaissiez.

Dans la *Petite République* du 4 avril 1903, un des chefs des socialistes français écrivait déjà : « Les nécessités sociales de la politique anticléricale commencent à apparaître. Le moyen le plus décisif d'agrandir l'enseignement laïque et l'assistance (laïque), c'est d'éliminer l'Église de l'enseignement et de l'assistance. » Les formules des socialistes ne sont pas toujours si claires ni surtout si évidentes. Oh ! à coup sûr, le moyen, sinon le meilleur, du moins le plus « décisif » d'agrandir sa maison est de démolir celle du voisin. Mais si, par ces éliminations recommandées, on agrandit l'enseignement laïque et l'assistance laïque, il n'est pas dit qu'on agrandisse l'enseignement ni surtout l'assistance tout court.

Comment s'arrêter d'ailleurs ? Après avoir éliminé ceux qui sont « d'Église, » comme on disait autrefois, on élimine ceux qui restent leurs amis, puis ceux qui ne leur sont pas assez hostiles, puis enfin tous ceux qui ont le malheur de ne pas être des « officiers publics. »

Faisons-nous là un procès de tendance, une hypothèse gratuite ? Mais tous ceux qui ne mêlent ou qui s'intéressent aux œuvres n'entendent parler que d'œuvres laïques, fondées, gouvernées par des laïques, et qui se voient retirer tout ou partie des subventions ministérielles [18]. On ne se contente donc pas, — au moment où on parle tant d'assistance, — d'expulser les hommes et les femmes qui s'y consacraient tout entiers ; on dispute, on arrache de maigres secours à d'anciens fonctionnaires, à des fonctionnaires même en exercice, quand ils n'ont pas voulu repousser cette collaboration dont ils ne croient pas pouvoir se passer [19].

Ces hommes de bien qui s'obstinent à défendre leur patrimoine moral sont cependant ceux qui ont le mieux su non seulement imaginer, mais réaliser les innovations les plus vraiment libérales et les plus vraiment humaines, prouvant ainsi une fois de plus qu'évolution et tradition ne doivent pas se séparer. Est-ce que les réformateurs les plus utiles de nos codes ne sortent pas de leurs rangs ? Est-ce que les auteurs de la loi de sursis, est-ce que les fondateurs des patronages ne sont pas ceux qui ont approuvé le plus et qui défendent le mieux, soit la loi de 1850 sur l'éducation correctionnelle aujourd'hui violée, soit la loi de 1875 sur l'emprisonnement individuel, toujours inexécutée ? Pourquoi faut-il que les esprits les plus désireux d'aller utilement de l'avant, mais en profitant de l'expérience acquise, soient obligés de s'épuiser pour démontrer à nouveau l'évidence devant ceux qui se font une si triste gloire de la méconnaître à nos dépens ?

Notes

1.	Il a été sérieusement question de rédiger un journal pour les prisonniers ; le projet, appuyé d'un numéro spécimen, a été discuté dans un congrès.

2.	Celui qui à l'heure actuelle mène tout, conduit tout, maintient la discipline, menace les tièdes, exécute les dissidents, etc., etc.

3.	Voyez l'article de M. J. Bourdeau dans la Revue du 13 mars 1903.

4.	Mgr Leroy et Mgr Augouard ont souvent insisté sur cette

erreur dont s'est encore occupé le congrès de la Société d'Économie sociale en juin 1903.

5.		Réforme de la bienfaisance en Belgique, résolutions et rapport général de la commission spéciale ; grand in-8°, Bruxelles, 1900, p. 282.

6.		Voyez ouvrage cité, p. 383.

7.		Que peut interrompre, il est vrai, mais sur preuves sérieuses d'amendement, la libération conditionnelle.

8.		Le Code allemand fait plus encore. Ses articles 361 et 362 assimilent aux mendiants et aux vagabonds ceux qui s'adonnent à la paresse, au jeu, à l'ivrognerie, de manière à tomber ou à faire tomber les leurs à la charge de l'assistance publique.

9.		Un très célèbre député, aujourd'hui sénateur, qui se dit ardent socialiste, trouva cependant que, dans le cas dont il vient d'être question, les ouvriers parisiens en voulaient trop. Sorti de la commission, il s'en allait dans les couloirs levant les bras au plafond, et répétait ce qu'il venait de répondre aux déposants : « Je ne suis pourtant pas obligé de vous payer le théâtre ! »

10.		Voyez notre livre le Combat contre le crime, ch. III.

11.		Voyez le Combat contre le crime, ch. II.

12.		Elle pourrait cependant avoir une clientèle un peu plus abondante et en même temps plus soumise avec une pratique plus suivie et plus rationnelle de la libération provisoire ; c'est à quoi elle cherche le plus à s'employer.

13.		Ce témoignage nous est fourni par M. Louis Rivière.

14.		« Les budgets intérieurs des bureaux de bienfaisance sont grevés de frais de personnel excessifs ; ceux du IIe arrondissement comptent pour 30 p. 100 dans le total des fonds à répartir. » H. Grunebaum, l'Assistance publique à Paris, brochure in-8°, 1901, p. 14.

15.		L'Assistance, trad. en français par M. R. Bompard, ancien député, 1 vol. in-12. Paris, Masson.

16.		Voyez en particulier page 42 et page 114 de la traduction française.

17.		Sous quels mobiles traditionnels (en France surtout), administratifs, économiques, financiers, il est à peu près contraint de le faire, c'est ce que j'ai expliqué dans la Recherche de l'Education correctionnelle à travers l'Europe, in-12, Paris, Lecoffre.

18.		Ou des subventions jusque-là données par des conseils généraux s'inspirant du même esprit que la majorité de la Chambre actuelle.

19.		Ainsi l'Asile de Saint-Léonard, fondé par l'abbé Villon, s'est vu retirer la subvention du département du Rhône. L'abbé Villon venait cependant d'être décoré, en souvenir de ses services et notamment de la part qu'il avait prise à la guerre de 1870 en conduisant lui-même au feu ses libérés encore valides. Ainsi, M. l'intendant général Roux de Montlebert, qui vient de mourir, a eu le chagrin de constater qu'il ne recevait plus du Ministère de l'Intérieur la toute petite subvention qu'on servait à son œuvre des petites mendiantes, fondée par lui, gouvernée par lui, avec l'aide, il est vrai, de sœurs franciscaines. Ainsi, en rendant compte des travaux de la Société de patronage et d'assistance par le travail dont il est le président, un de nos plus distingués criminalistes, M. Georges Vidal, professeur à l'Université de Toulouse, était-il amené l'année dernière à dire à l'assemblée qui l'écoutait : « Au moment où le jury de la classe 112 de l'Exposition universelle venait de proclamer notre importance et nos mérites, le Conseil général nous a retiré les moyens de continuer l'œuvre nouvellement entreprise (la création d'un second asile) en réduisant, sans que nous puissions en découvrir de bonnes raisons, au chiffre insuffisant de 600 francs (au lieu de 3 500) la subvention que la commission des finances a même songé un instant à supprimer tout à fait… Cette décision nous a forcés à fermer notre second asile où nous avions recueilli 149 pensionnaires en 1900, 260 en 1901… » Ce sont là des exemples pris entre bien d'autres !

ISBN : 978-1981157983